Klaus Leidorf

Hoch über Bayern 2

Die Deutsche Bibliothek verzeichnet diese Publikation in der
Deutschen Nationalbibliografie; detaillierte bibliografische
Daten sind im Internet über http://dnb.ddb.de abrufbar.

2012 by Volk Verlag München
Streitfeldstraße 19; 81673 München
Tel.: 089 / 420 79 69 80; Fax: 089 / 420 79 69 86

Druck: cpi books GmbH, Ulm

ISBN 978-3-86222-062-5
www.volkverlag.de

Klaus Leidorf

Hoch über Bayern 2

Neue erstaunliche Entdeckungen aus der Vogelperspektive

Volk Verlag München

Vorwort

Der uralte Menschheitstraum vom Fliegen sitzt tief. Wie sonst ließe sich der unerwartet große Erfolg des ersten Bildbands „Hoch über Bayern" erklären, der mich ebenso überraschte wie freute. Der Blick von oben, die Möglichkeit, die Dinge aus der Distanz und übergeordneten Perspektive heraus zu betrachten, hat einen ganz eigenen Reiz. Unlängst konnte man gar im Kino mit „Deutschland von oben" einen 110-minütigen Rundflug über unsere Heimat erleben. Natürlich war ich sehr stolz, als „Bayern-Experte", als Kenner der schönsten und beeindruckendsten Motive des Freistaats beratend an dem Film mitwirken zu dürfen.

Rund hundert dieser einzigartigen Naturschauspiele und Städteansichten möchte ich Ihnen in vorliegendem zweiten Band der Reihe „Hoch über Bayern" vorstellen. Steigen Sie ein und lassen Sie uns gemeinsam nochmal kreuz und quer und zu allen Jahreszeiten dieses herrliche Bundesland überfliegen, erstaunliche Entdeckungen aus der Vogelperspektive miteinander teilen.

So unberührt und wildwüchsig viele Gegenden auch erscheinen mögen, eines wird mir bei jedem meiner Flüge schmerzlich bewusst: Die unberührte Natur schwindet in Bayern wie überall, der „Landverbrauch" hält unvermindert an, eine Trendwende ist nur in den bewusst vage gehaltenen Aussagen und dubiosen Langzeitplänen von Politikern auszumachen. Der Mensch hat sich bei uns wie überall längst den allergrößten Teil der Natur für seine Zwecke nutzbar gemacht. Darum erscheint es mir im Rahmen meiner Arbeit so notwendig wie angemessen, die Spuren der um sich greifenden Zivilisation auf meinen Aufnahmen nicht auszuklammern oder zu kaschieren. Meine Bilder verbergen die sichtbaren menschlichen Eingriffe in die Natur nicht, sie demonstrieren diese vielmehr oftmals ganz unverblümt – kontrastierend, dokumentierend, provozierend oder als ästhetisches Element. Gerade dieses bewusste Vermeiden von glatten, beschönigenden Postkartenklischees ist es vielleicht, was meine Bilder so anders macht.

Als Luftbildarchäologe, der immer wieder für das Landesamt für Denkmalpflege die Überreste der Vergangenheit aus der Luft aufstöbert, weiß ich, dass die Spuren der Jahrtausende niemals ganz ausgelöscht werden, sondern immer wieder im wahrsten Sinne des Wortes an „die Oberfläche kommen", wie eine Auswahl an Bildern in diesem Buch bezeugt. Alles, was der Mensch heute erschafft, wird für unzählige kommende Generationen Abdrücke und Narben hinterlassen. Gerade während meiner Rundflüge über unsere Heimat stellt sich mir oft die Frage, inwieweit wir wirklich die Verantwortung und Bedeutung unseres Handelns ermessen können. Aus mehreren hundert Metern Abstand erscheint manches viel klarer und deutlicher. Auch dies soll Ihnen vorliegender Band vermitteln.

Wie auch schon beim letzten Band gilt mein großer Dank meinem Studienkollegen und Freund Dr. Karl-Heinz Röhrig, der mich beim Schreiben der Bildtexte mit viel Engagement unterstützte. Da Geschmäcker bekanntermaßen verschieden sind, hat auch diesmal wieder das gesamte Team des Volk Verlags bei der Auswahl der Bilder mitgewirkt, um für eine möglichst abwechslungsreiche und breit gefasste Palette an Impressionen zu sorgen.

Und nun viel Spaß bei Ihrem Flug über Bayern!

Klaus Leidorf, Juni 2012

Auer Dult

Dreimal jährlich findet auf dem Mariahilfplatz im Münchner Stadtviertel Au neun Tage lang die beliebte Auer Dult statt, ein Jahrmarkt mit jahrhundertelanger Tradition. Unterm Turm der neugotischen Mariahilfkirche kaufen Einheimische wie Gäste gern allerlei Nützliches wie Unnützes. Antiquitäten und die „Schätze" entrümpelter Dachböden sind hier ebenso zu finden wie selbst hergestellte Socken, Schürzen, Leder- und Korbwaren, Holzspielzeug, Schmuck und viele andere handgefertigte Dinge.

Traktor beim Heuwenden

Noch vor wenigen Jahrzehnten war die Heugewinnung ein sehr arbeitsintensiver Vorgang, da sie ausschließlich von Hand verrichtet werden musste. Heute wird das Heu natürlich von landwirtschaftlichen Maschinen zuerst gemäht, anschließend zum Trocknen mehrmals gewendet und schließlich zum leichteren Transport in große Rundballen gepresst. Den Luftbildfotografen interessiert natürlich weit mehr der faszinierende Anblick einer makellosen Spirale, die hierbei im späten Juni auf einem Feld im oberpfälzer Landkreis Regen entsteht.

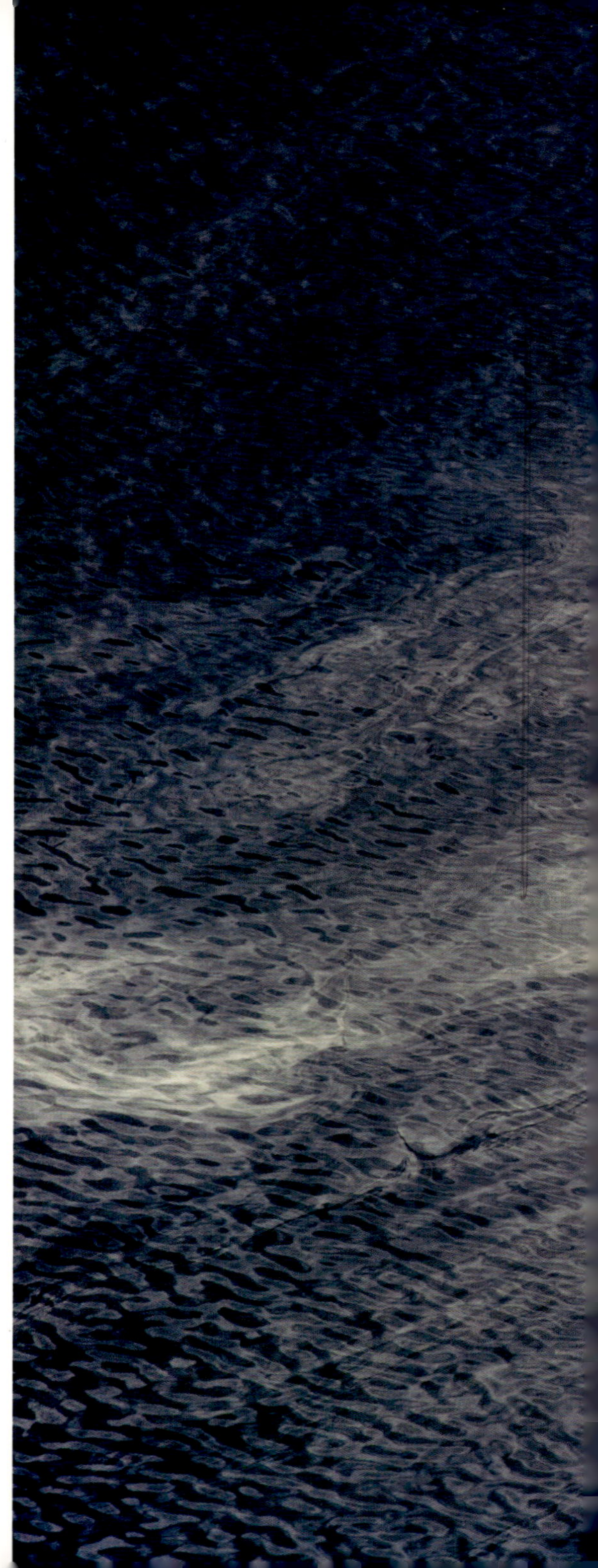

Pollenschleier auf dem Ammersee
Wie einen langen Schleier zieht das Motorboot einen Blütenstaubteppich über den Ammersee. In einem Zyklus von drei bis vier Jahren vollziehen die Nadelbäume am Seeufer eine besonders starke Samenproduktion. Wenn es dann über einen längeren Zeitraum hinweg nicht regnet, trägt der Wind ganze Wolkenfelder an Blütenstaub auf den See, wo er großflächig gelbe Schlieren bildet, ehe er auf den Boden absinkt.

Ackerlandschaft an der Schwillach
Inmitten eines schmalen, baumgesäumten Grünstreifens schlängelt sich die Schwillach nahe Breitötting im Landkreis Erding durch die soeben urbar gemachte Agrarlandschaft. Der massive Ackerbau, der bestrebt ist, jeden verfügbaren Quadratmeter auszunutzen, lässt der Natur oft kaum noch Raum, sich zu entfalten, drängt sie zurück in immer noch kleinere Biotope. Um dem regional entgegenzuwirken, sollen mit einem 2006 ins Leben gerufenen Projekt zur integrierten ländlichen Entwicklung (ILE) die Fließgewässer, Quellläufe und Moorgebiete des Sempt-Schwillachtals gesichert und langfristig optimiert werden.

Festung Marienberg in Würzburg
Weithin sichtbar liegt das Wahrzeichen Würzburgs, die Festung Marienberg, auf einer Bergzunge, 100 Meter hoch über dem Main. Von hier oben präsentiert sich Abertausenden von Besuchern jährlich ein herrlicher Blick auf die fünftgrößte Stadt Bayerns. Die Besiedelung des Marienbergs hat eine lange Tradition: Bereits keltische Siedler ließen sich auf der geschützten Höhe über dem fruchtbaren Maingebiet nieder. Der älteste noch erhaltene Teil der heutigen Festungsanlage ist die Marienkirche aus dem 8. Jahrhundert, der Rest entstammt umfangreichen Baumaßnahmen des 17. Jahrhunderts.

Burg Unsleben in Unterfranken
Romantisch verwildert, fast wie ein Märchenschloss, bietet sich die Wasserburg Unsleben in der gleichnamigen Gemeinde im unterfränkischen Landkreis Rhön-Grabfeld dem Betrachter dar. Der Wäscheständer und der Rasenmäher freilich durchbrechen die verträumte Idylle ein wenig, bieten einen amüsanten modernen Kontrast. Teile des Gebäudekomplexes enthalten heute Ferienwohnungen. Gerne wird das Schlossgut auch für stilvolle Feierlichkeiten wie Hochzeiten gebucht.

Kraftwerk Jochenstein
Genau an der deutsch-österreichischen Grenze in der Donau gelegen, produziert das Laufwasserkraftwerk Jochenstein seit 1955 jährlich rund 850 Mio. kWh Strom und versorgt damit zu gleichen Teilen Deutschland und Österreich. Fußgänger und Radfahrer können hier ganzjährig zwischen der niederbayerischen Gemeinde Untergriesbach und der oberösterreichischen Gemeinde Engelhartszell pendeln. Der Name ist dem nahegelegenen Jochenstein entlehnt, einem sagenumwobenen Felsen, der mächtig aus der Donau ragt. Der Teufel soll ihn einst in den Fluss geworfen haben, um das Dorf Engelhartszell zu überfluten.

Solarfeld bei Hettenkofen
Die Solarmodule auf einem Feld bei Hettenkofen im Landkreis Deggendorf müssen erst wieder einheitlich ausgerichtet werden, um maximale Leistung zu erzielen. Ein technischer Defekt führte zu einer Fehlsteuerung der Anlage und lässt die zweiachsigen Solartracker ein wenig „planlos“ aussehen. Normalerweise werden sie im Tagesverlauf dem Stand der Sonne vertikal und horizontal nachgeführt, um damit eine bis zu 45 % höhere Ertragsausbeute zu erzielen als eine fest nach Süden installierte Anlage. Ein Nachteil hierbei ist der höhere Flächenbedarf: Die Masten müssen, um eine gegenseitige Verschattung zu vermeiden, weiter auseinander aufgestellt werden.

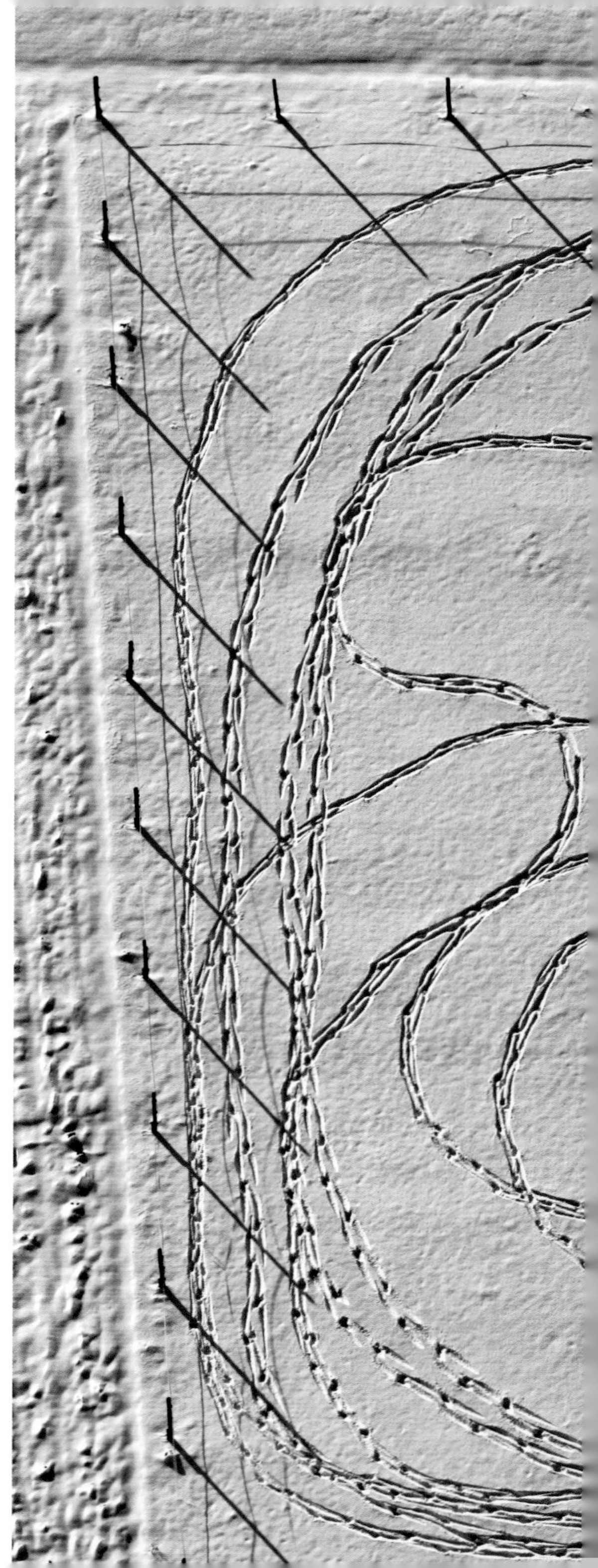

Dressurreiten im Schnee
Ein bezaubernder Schnappschuss „in action“ gelang dem Luftbildfotografen bei seinem Flug über ein frisch eingeschneites Gestüt nahe der mittelfränkischen Ortschaft Greding. Deutlich lässt sich dank der in den Schnee gezeichneten Linien der Hufspuren nachverfolgen, welchen Weg Pferd und Reiter beim unermüdlichen Dressurreiten bereits zurückgelegt haben.

Altmetallhalde
Berge von Altmetall türmen sich auf dem Gelände einer Recyclingfirma bei Hohenkammer im Landkreis Freising. Wie ein schmutzigbrauner Fluss schlängelt sich der Weg durch die Reste des Wohlstandsmülls. Etwa 445 kg Abfall sammeln sich jedes Jahr pro Kopf durchschnittlich in einem deutschen Haushalt an.

Bruckbergerau
Das Naturschutzgebiet Vogelfreistätte Mittlere Isarstauseen zählt als Teil des Europäischen Schutzgebietsnetzes „Natura 2000" zu den wichtigsten Wasservogelschutzgebieten Bayerns und umfasst im Wesentlichen den Mittlere-Isar-Kanal, den Moosburger Stausee, den Echinger Stausee sowie die Isar mit ihren angrenzenden Auwaldbereichen. Die Auwälder – wie hier das Gebiet der Bruckbergerau nahe der gleichnamigen Gemarkung im Landkreis Landshut – bieten Lebens- und Brutraum unter anderem für bedrohte Greifvogelarten wie den Wespenbussard oder den Baumfalken. Im Mai kann man den Ruf des scheuen Pirols hören.

Atomkraftwerk Isar / Ohu
14 Kilometer flussabwärts von Landshut stehen die steinernen Giganten einer zu Ende gehenden Ära: Die Kernkraftwerke „Isar 1“ und „Isar 2“. Hatte man im Oktober 2010 noch durch die Novellierung des Atomgesetzes entschieden, die Laufzeit bis 2019 zu verlängern, beschloss man im Mai 2011 nach dem Unglück des japanischen Werks „Fukushima-Daiichi“, die Anlage des Blocks 1 dauerhaft herunterzufahren.

Feldkapelle bei Thaldorf / Kelheim
Ein unerwartetes Detail ist die kleine Feldkapelle inmitten des monotonen Grüns eines Getreidefelds südlich des Kelheimer Ortsteils Thaldorf. Der ehemalige Zugangsweg ist längst überackert und kaum noch zu erkennen. Solche Feldkapellen finden sich meist als Überbleibsel von Stationen entlang ehemaliger Wallfahrtsrouten.

Feldkapelle bei Thaldorf / Kelheim II
Die Aufnahme zeigt noch einmal die Feldkapelle bei Thaldorf / Kelheim der vorherigen Doppelseite, nur etwas früher im Jahreslauf. Mitte April ist die Saat noch nicht aufgegangen, doch etwas Regen und warme Sonnentage werden die braune Ackerkrume bald in saftiges Grün tauchen. Seit rund dreißig Jahren „besuche“ ich die kleine Kapelle nun regelmäßig und finde doch stets ein neues Bild vor.

Leonhardifahrt nach Oberbuchen
Die jährliche Leonhardifahrt am 6. November oder einem der benachbarten Wochenenden zu Ehren des hl. Leonhards von Limoges ist besonders in Altbayern weit verbreitet. Der hl. Leonhard wird vorwiegend in ländlichen Gegenden verehrt, gilt er doch als Schutzpatron der landwirtschaftlichen Nutztiere, heute vor allem der Pferde. Die erste urkundlich erwähnte Leonhardifahrt fand bereits 1442 im Tegernseer Raum statt. Auf dem Bild ist die kleine Kirche St. Maria in Oberbuchen im Landkreis Bad Tölz das Ziel der Wallfahrer.

36

Brücke über den Lech
Gleich dreimal präsentiert sich auf der Aufnahme die Talbrücke über den Lechstausee bei Schongau in Oberbayern. Die elegante Spannbetonkonstruktion mit einer Gesamtlänge von 566 Metern entlastet seit ihrer Fertigstellung 1991 die Ortsdurchfahrten von Schongau und Peiting mit bis zu 30.000 Fahrzeugen täglich.

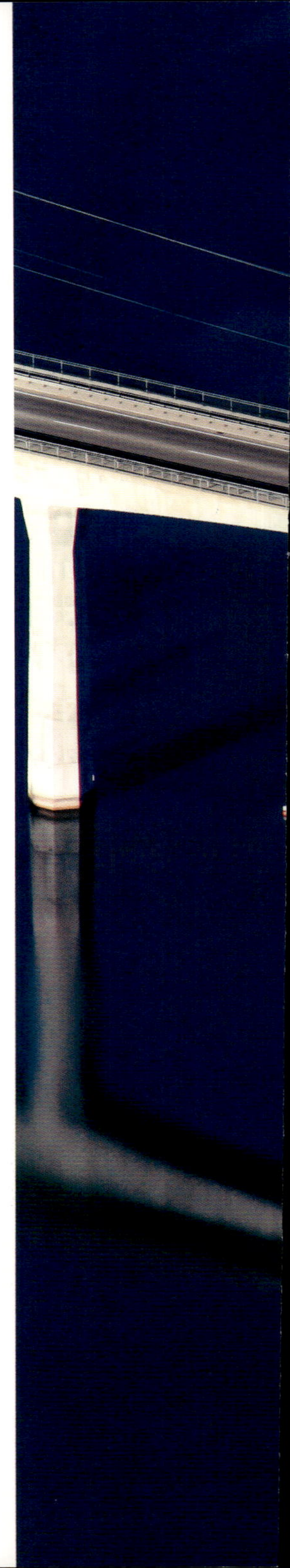

Grüne Insel im Acker
Einen faszinierenden Anblick bietet die kleine grüne Insel inmitten des frisch geeggten, schier grenzenlosen Ackerlands bei Kumhausen im Landkreis Landshut. In gleichmäßigem Schwung zeichnen die Spuren des Pflugs die natürliche Form des Geländes nach, verdeutlichen das Bodenprofil. Die symmetrischen Linien erinnern beinahe an einen sorgfältig gerechten Zengarten. Zen-Mönche empfinden das Rechen der Steingärten und deren Betrachtung als Meditation. Was indes der Landwirt empfand, wissen wir nicht.

Zwei Achter auf dem Starnberger See
Nicht nur für Münchner ist der Starnberger See ein wichtiges Naherholungsgebiet. Längst kommen das ganze Jahr über Abertausende von Ausflüglern und Sportlern aller Disziplinen an den „Fürstensee", um in wunderschöner landschaftlicher Umgebung zu wandern, Rad, Tretboot oder Wasserski zu fahren, um zu schwimmen, zu tauchen, zu segeln oder um zu rudern. Schließlich wird hier seit 25 Jahren jährlich Deutschlands größte Ruderregatta für den etwa 18 Meter langen Achter abgehalten. Neben dem Farbspiel des klaren, seichten Wassers besticht die Aufnahme natürlich vor allem durch die gegenläufigen Linien der sich symmetrisch ausbreitenden Wellen.

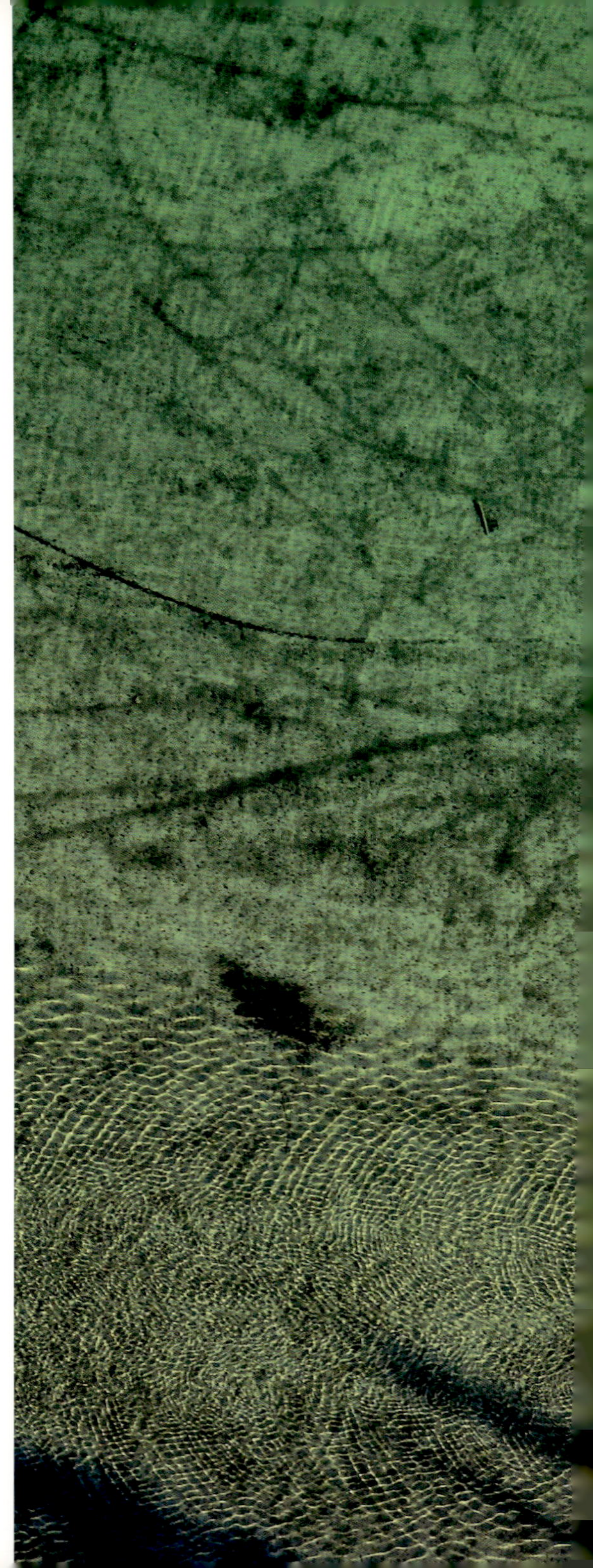

Walhalla
Unbeeindruckt von der Gesellschaft prominenter historischer Persönlichkeiten lässt es sich ein Paar auf den warmen, sonnenbeschienenen Stufen der Walhalla bei Donaustauf nahe Regensburg gut gehen. An Föhntagen kann man hier über das ganze Donautal bis hin zu den Berchtesgadener Alpen blicken. Die unter dem bayerischen König Ludwig I. 1842 errichtete Ruhmeshalle für herausragende Persönlichkeiten „teutscher Zunge“ beherbergt heute 130 Büsten und 65 Gedenktafeln, um bedeutende Frauen und Männer aus Politik, Wissenschaft und Kultur zu ehren.

Traktor beim Feldpflügen
Der Landwirt schneidet tiefe, gleichförmige Furchen in den noch brachliegenden Acker bei Niederaichbach im niederbayerischen Landkreis Landshut. Durch das Wenden der Ackerkrume mithilfe eines Pflugs wird das Erdreich gelockert und dadurch besser durchlüftet. In der Folge zersetzen sich, auch durch die Witterungseinflüsse, die organischen Stoffe besser.

Herbstbaumdiagonale
Die in herbstlichen Farben leuchtende Baumlinie inmitten des Grüns zieht natürlich den Blick des Fotografen auf sich. Doch hinter dem ästhetischen Moment verbirgt sich ein tiefgreifenderer Sinn: Die moderne Forstwirtschaft muss neben wirtschaftlichen Überlegungen auch vielerlei gesetzliche Vorgaben berücksichtigen. Unter anderem fordert das Bundeswaldgesetz, dass der Wald „ordnungsgemäß und nachhaltig" zu bewirtschaften sei – etwas, das sich auf der Aufnahme gut ablesen lässt. Denn die diagonal gepflanzte Reihe der herbstlich gekleideten Lärchen bei Hellmannsberg nördlich von Kösching im oberbayerischen Landkreis Eichstätt veranschaulicht, wie großflächige Monokulturen in deutschen Nutzwäldern bewusst durchbrochen und aufgelockert werden.

Kuhwanderung

Hier tanzt keine Kuh aus der Reihe! Alle folgen sie in der Gemeinde Rohrenfels im Landkreis Neuburg-Schrobenhausen artig der weißen Leitkuh. Seit mehr als 11.000 Jahren gilt die Kuh als domestiziert, die ersten Hinweise stammen aus Anatolien und dem Nahen Osten. Von dort setzte sich auch die Kenntnis von Ackerbau und Viehzucht generell erst langsam bis nach Mitteleuropa durch.

Fischteiche
Bei Namsenbach, einem Ortsteil der Stadt Nabburg im oberpfälzer Landkreis Schwandorf, verlaufen die Fischteiche wie Perlen auf einer Schnur aufgereiht. In früheren Zeiten diente der Aufstau eines fließenden Gewässers neuen Siedlern im ländlichen Raum zur Versorgung mit Trink- und Nutzwasser, heutzutage erfolgt die Aufzucht und Haltung beispielsweise von Karpfen in solchen Teichen. Im Herbst wird das Wasser komplett abgelassen, die Fische sammeln sich im tiefsten Becken und können dort bequem abgefischt werden.

Kleingartenanlage
Die Garmischer Straße als Teil des Mittleren Rings durchschneidet im Münchner Südwesten die streng parzellierte Idylle der Kleingartenanlage „Land in der Sonne". 1932 angelegt, ist sie mit ihren inzwischen 535 Parzellen zu einer der größten Anlagen in Bayern angewachsen. Innerstädtische Kleingartenanlagen bieten nicht nur Naherholung, sie verbessern die Klimabilanz einer Großstadt tatsächlich nachhaltig. Die Kleingärtner legen sehr großen Wert auf Natur- und Umweltschutz und lehnen zunehmend Kunstdünger und chemische Schädlingsbekämpfungsmittel ab. Biologischer Anbau steht deutlich im Vordergrund.

Kreisverkehr
Scheinbar willkürlich wird die Straße inmitten der Landschaft um einen Kreisverkehr bei Feldkirchen in Oberbayern herumgeführt – ein absurder Kontrast aus Asphalt und Grün. Täglich verschwinden allein in Bayern 16 Hektar Land unter Beton und Asphalt, damit ist der Freistaat auf erschreckende Weise Spitzenreiter im bundesweiten Vergleich. Straßenbau und immer neue Besiedelungsflächen sind die Ursachen für diesen immensen Flächenverbrauch. Eine Trendwende ist bislang leider noch nicht in Sicht.

Winterfelder mit Baumallee
Schnurgerade teilt die verlassene Landstraße die weiß verschneiten, einsamen Felder im oberbayerischen Landkreis Erding. Keine Bewegung durchbricht die faszinierende Licht- und Schattenkomposition der gespiegelten Baumreihe entlang der Fahrbahn. Gerade der Winter bietet dem Luftbildfotografen vielfach Gelegenheit zu stimmungsvollen Aufnahmen, die oft durch eine beinahe unwirkliche Ruhe und Stille faszinieren.

Zentral-Landwirtschaftsfest
Ein Wimmelbild der agrarwirtschaftlichen Art schoss der Luftbildfotograf im Herbst 2004: Parallel zum Münchner Oktoberfest findet alle vier Jahre auf der Theresienwiese das Bayerische Zentral-Landwirtschaftsfest statt. Jährlich lockt dieses Event rund um neue Techniken, Erkenntnisse und Methoden der Land- und Forstwirtschaft samt seiner Nutztierschau mehr als 350.000 Besucher.

BayWa

Altstadt von Hof im Winter
Am 23.01.2006 meldete der Wetterdienst für Hof an der Saale im Nordosten des Regierungsbezirks Oberfranken ein Temperaturtief von minus 17,3°C mit Schneefall. Durch den Kontrast der verschneiten Flächen und der dunklen Straßenbeläge ist der Verlauf des historischen Stadtkerns besonders gut zu erkennen. Dieser zählt zu den 300 historisch bedeutsamsten und besterhaltendsten Altstädten Deutschlands: Nach einem verheerenden Brand 1823 entstand eine herrliche Biedermeierstadt, die noch heute nahezu vollständig erhalten ist.

Festung Rosenberg in Kronach

In strategisch hervorragender Lage wacht die Festung Rosenberg über Kronach und die zu ihren Füßen zusammenlaufenden Täler der Haßlach, Kronach und Rodach, wodurch sie im Laufe ihrer rund 750jährigen Geschichte wichtige Übergänge nach Thüringen und den Frankenwald kontrollierte. Die Festung ist nicht nur das ausgedehnteste Fortifikationsbauwerk Oberfrankens, sondern gleichsam das bedeutendste Baudenkmal des südlichen Frankenwalds. Da sie nie erobert werden konnte, ist sie noch heute in beinahe vollständig originaler Bausubstanz erhalten und bildet mit ihren beiden „Konkurrentinnen" Veste Coburg und Plassenburg ein Bauensemble europäischen Rangs.

Laubensee bei Eggstätt
Im Gegenlicht glitzert die Wasserfläche des Laubensees nördlich von Eggstätt bei Pittenhart im Landkreis Traunstein. Große Teile dieses Toteissees sind mit Seerosen bedeckt. Am Ende der letzten Eiszeit entstanden solche kleine Seen durch sogenannte Toteisblöcke, die in vormals eisbedeckten Gebieten zurückblieben und langsamer schmolzen als die sich zurückziehende Eiszunge. Anschließend füllte Grundwasser die dadurch entstandenen meist kreisrunden Becken.

Herbststimmung auf der Roseninsel
Der Herbst hat die Bäume auf der Roseninsel in bunte Kleider gefärbt, in der bereits tiefstehenden Sonne werfen sie lange Schatten über den Starnberger See. Dessen einzige Insel ist knapp 2,5 Hektar groß und nicht einmal 200 Meter vom Ufer entfernt. König Maximilian II. ließ sich hier ein kleines Sommerhaus bauen und einen bezaubernden Rosengarten anlegen, dem die Roseninsel ihren Namen verdankt. Auf Maximilians Anweisung hin gestaltete Hofgartendirektor Peter Joseph Lenné auch das Feldafinger Hanggelände im Hintergrund zu einer Parkanlage um, vom dort geplanten Schloss wurden allerdings lediglich die Grundmauern errichtet.

Lindau am Bodensee
Weit geht der Blick westwärts über Lindau hinweg auf den Bodensee. Die Stadt, die sich selbst gerne als „Happy End von Deutschland“ bezeichnet, liegt in einem schmalen bayerischen Korridor zwischen Österreich und Baden-Württemberg. Die Touristen lieben besonders einen Bummel durch die romantische Altstadt, welche die Bombenangriffe des II. Weltkriegs weitgehend unbeschadet überstanden hat.

Friedhof in Spalt
Wohlgeordnet reihen sich die Grabstätten um die Friedhofskirche im mittelfränkischen Spalt. Das Wort Friedhof leitet sich vom althochdeutschen „frithof“ ab und bezeichnet ursprünglich den einge„fried“eten Bereich rund um ein Gotteshaus. Obwohl das Wort etymologisch mit Frieden nichts zu tun hat, sind Friedhöfe natürlich als friedvolle Orte der letzten Ruhestätte, der Trauer und des Gedenkens ein wesentlicher kultureller Bestandteil christlicher Religionsgemeinschaften.

Ostfriedhof München

Weit weniger unmittelbar und persönlich wirkt das Vielfache an Grabstätten auf dem Münchner Ostfriedhof am Sankt-Martins-Platz, wenngleich auch dieser aus der übergeordneten Perspektive durch die symmetrische Anlage seiner Wege Harmonie und Ordnung vermittelt, das frische Grün der Frühlingsbäume eine Atmosphäre des Friedens und der Ruhe schafft. Der Ostfriedhof erstreckt sich über 30 Hektar Gesamtfläche und umfasst rund 35.000 Grabstellen. Entstanden aus dem 1817 gegründeten Gemeindefriedhof der Vorstadt Au, entwickelte er sich um die Wende zum 20. Jahrhundert zu einem der fünf Großfriedhöfe der Metropole.

Autoverwertung in Enzelshausen
Die Abwrackprämie ist gezahlt, und jetzt warten Hunderte von PKWs bei der Autoverwertung in Enzelshausen im Landkreis Freising darauf, endgültig recycelt zu werden. 2.500 Euro an staatlicher Prämie erhielt 2009 jeder Autofahrer, der sein mindestens neun Jahre altes Fahrzeug gegen einen Neu- oder Jahreswagen eintauschte. Insgesamt standen für die sogenannte Umwelt- oder Abwrackprämie fünf Milliarden Euro zur Verfügung. Bereits Anfang September waren sämtliche Mittel aufgebraucht – ob die Aktion ein wirtschaftlicher Erfolg war, sei dahingestellt.

Traktor auf Blaukrautfeld
Der Anhänger des Traktors ist bereits bis oben hin voll mit frisch geerntetem Rotkohl, das Feld im niederbayerischen Landkreis Deggendorf Mitte Oktober bereits weitestgehend abgeerntet. Das klassische Wintergemüse wird im Norden Deutschlands Rotkohl genannt, in der Mitte und im Südwesten Rotkraut und vereinzelt auch Kappes. Franken und Bayern hingegen sprechen eher von Blaukraut. Wie auch immer, besonders lecker schmeckt das Gemüse so oder so zu Sauerbraten oder Wildgerichten.

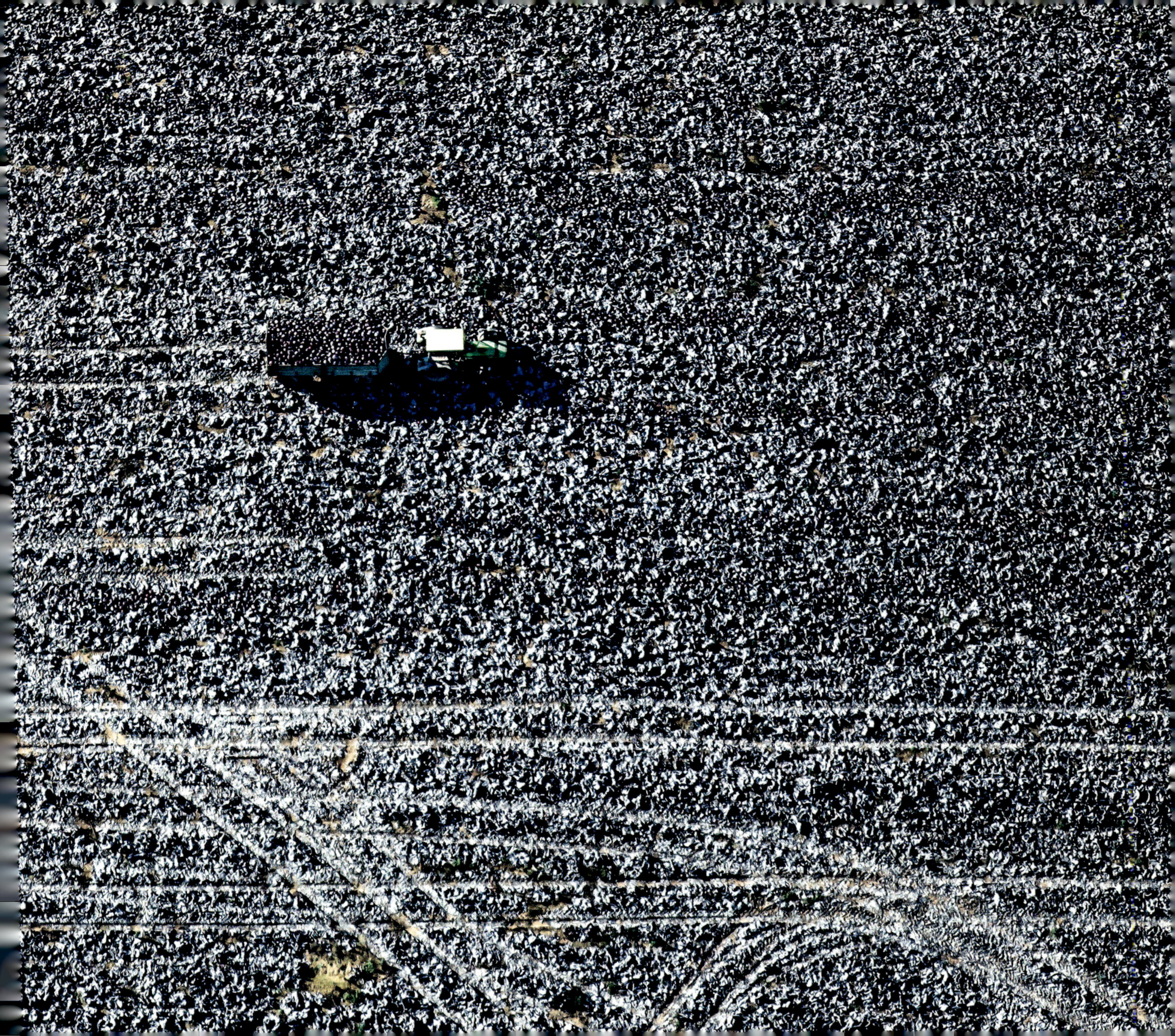

Algenteppich auf einem Baggersee
Obwohl erst frühsommerlicher Juni, bedeckt der Algenteppich auf einem Baggersee bei Moos im Landkreis Deggendorf beinahe die gesamte Wasserfläche. Die teils skurril anmutenden, schillernden Farben der vielfältigen Gelb- und Grüntöne sowie das Muster fein verästelter Äderchen haben natürlich den Blick des Luftbildfotografen auf sich gezogen. Algen vermehren sich besonders stark bei heißen Temperaturen und andauernder Sonneneinstrahlung. Aber auch der von Landwirten verwendete Dünger landet oft in den Seen und lässt die pflanzenartigen Lebewesen gedeihen.

Nördlinger Ries
Das Nördlinger Ries entstand vor 14,6 Millionen Jahren durch einen Meteoriteneinschlag. Der heutige Rieskessel wurde durch eiszeitliche Erosionen und Lösseintrag gebildet, wodurch die Grundlage für seine landwirtschaftliche Nutzung entstand. Bereits die Römer betrieben hier Ackerbau, der Name Ries leitet sich von der römischen Provinz Raetia ab. In den Äckern bei Großsorheim legten Archäologen einen römischen Gutshof frei.

Dreiflüssestadt Passau
Südlich des Bayerischen Walds, unmittelbar an der Grenze zu Österreich, liegt die malerische Altstadt Passaus inmitten der anmutigen Uferlandschaft mit ihren grünen Hügeln. Hier fließen die Donau, der Inn und die Ilz zusammen, ihre unterschiedlichen Wasserfärbungen sind aus der Luft besonders beeindruckend zu erkennen.

Frühlingskomposition mit rotem Auto
Allein auf weiter Flur fährt ein roter PKW bei Thaldorf im Landkreis Kelheim über eine Chaussee. Es ist Anfang Mai und der Frühling präsentiert die fünf Bäume am Wegesrand in voller Blütenpracht. Die Akzente aus Bäumen und Auto bilden einen reizvollen Kontrast zum frischen Grün der Felder, die sich beiderseits der Straße schier uferlos erstrecken.

Lindenhain

Den neuen Südfriedhof an der Hochäckerstraße in München-Perlach gibt es seit 1977. Innerhalb des 42 Hektar großen Friedhofsareals liegt auch eine keltische Viereckschanze: Das sind meist rechteckige, durch Wall und Graben abgegrenzte Felder, über deren ursprüngliche Bedeutung man sich nach wie vor uneinig ist. Das geschützte Kulturdenkmal ist heute in seiner Innenfläche gleichmäßig mit Linden bepflanzt.

Wohnanlage in Bad Kissingen

Die aus würfelförmigen Elementen zusammengesetzte Wohnanlage an der Johannes-Brahms-Straße hoch über Bad Kissingen bietet ihren Bewohnern einen grandiosen Ausblick, auch wenn der Entwurf der insgesamt 51 dicht gedrängten Wohneinheiten seinem Schaffer sicherlich keinen Platz auf dem „Walk-of-Fame" der Architekten sichert. Dafür besitzt der weltberühmte Kurort zahlreiche Profanbauten, die sich den Bewohnern der „Würfel" zumindest als Panorama erschließen.

Sonnenschirme am Riemer See

Die farbenfrohen Sonnenschirme am Ufer des künstlich angelegten Riemer Sees im Münchner Osten lockten den Luftbildfotografen. Der See ist Teil eines ca. 210 Hektar großen künstlichen Landschaftsparks auf dem Gelände des ehemaligen Flughafens Riem. 37.000 LKW-Ladungen waren nötig, um die 1,2 Millionen Tonnen Kies abzutransportieren, die beim Ausbaggern anfielen. Der Wasseraustausch erfolgt durch Grundwasserpumpen, die in Spitzenzeiten bis zu 360 Liter pro Sekunde in den See speisen.

Feldscheunen südlich von Raisting
Südlich von Raisting, in den „Oberen Filzen“, liegen Feldscheunen zum Lagern von Heu wie hingewürfelt in den artenreichen Wiesen und Filzen, wie Hochmoore in Bayern auch genannt werden. In der Umgebung von Raisting im oberbayerischen Landkreis Schongau erreichen die Torfschichten in den Mooren bis zu 2 Meter Tiefe. Da sich pro Jahr etwa 1 Millimeter Torfschicht bildet, können die untersten Lagen durchaus an die 2.000 Jahre alt sein. Aus dem Torf wurden lange Zeit bedenkenlos Brennmaterial und Dünger gewonnen, der industrielle Abbau endete in den 80er Jahren.

Feldscheune bei Schloss Grünau

Die grüne Insel der alten Feldscheune inmitten eines reifen Weizenfelds bietet einen farblich wie strukturell reizvollen Kontrast. Die Scheune gehört zum Besitz des Jagdschlosses Grünau bei Neuburg an der Donau im gleichnamigen oberbayerischen Landkreis. Besonders eindrucksvoll geben die gleichmäßigen Traktorspuren das Bodengefälle entlang der Hangkante wieder.

Römerkastell Ruffenhofen

Der Umriss des ehemaligen Römerkastells Ruffenkofen im mittelfränkischen Landkreis Ansbach ist auf originelle Weise durch Bepflanzung sichtbar gemacht worden: Die vier umlaufenden Kastellgräben erblühen blau, die Bereiche der Innenbebauung mit Mannschaftsbaracken und Funktionsgebäuden sind durch dunklere Rechtecke verdeutlicht. Aktuell soll dort sogar ein richtiger archäologischer Park samt Museum entstehen.

Maislabyrinth bei Sauerlach

Bei Labyrinthen führt nach strenger Definition nur ein Weg zum Ziel, weshalb man eigentlich nicht von einem Maislabyrinth, sondern besser von einem Mais-Irrgarten bei Sauerlach im Münchner Süden sprechen sollte. Denn in der rund 2 Hektar großen Anlage wird man in viele Sackgassen geführt. Ein bis zwei Stunden kann es schon dauern, bis das Ziel erreicht ist. Ein Aussichtsturm inmitten des Gartens hilft den Besuchern, sich einen Überblick zu verschaffen.

Delta der Tiroler Ache

In den Kitzbühler Alpen Österreichs, am Pass Thurn, entspringt die Großache. Zwischen Kössen im Kaiserwinkl und dem bereits oberbayerischen Tal bei Schleching durchbricht der Fluss die Chiemgauer Alpen in einer engen Schlucht. Das letzte Drittel seines insgesamt 76 Kilometer langen Wegs verläuft im Landkreis Traunstein, wo der Fluss nun Tiroler Ache heißt, ehe er als Hauptzufluss in den Chiemsee mündet. Jährlich trägt er gewaltige Mengen an Sand und Kies mit sich. Dadurch wächst das Mündungsdelta der Ache im Laufe eines Jahres um bis zu 10 Meter in den Chiemsee hinein. Das gesamte beeindruckende Mündungsdelta ist als Naturschutzgebiet ausgewiesen.

Fraueninsel im Eis
Vor den schneebedeckten Alpengipfeln liegt die Fraueninsel im größtenteils zugefrorenen Chiemsee. Wenn der See zufriert, wird auch die Schifffahrt zu den Inseln weitgehend eingestellt, doch die Bewohner der Herren- und Fraueninsel brauchen sich keine Sorgen zu machen: Eine Strecke vom Festland zu den Inseln wird auch bei strengem Winter durchgehend freigehalten und ermöglicht so die Versorgung der Bewohner.

Insel im Main

Unweit von Fahr, einem Ortsteil der unterfränkischen Stadt Volkach im Landkreis Kitzingen, liegt diese begrünte Sandinsel in einem Seitenarm des Mains. Wer sich hier zum Sonnenbad niederlassen will, muss vom Badelaken bis hin zum Picknickkorb alles schwimmend zu dem kleinen Eiland transportieren. Einige wenige haben an diesem sonnigen Julitag die Insel erreicht und können sich nun auf dieser kleinen Oase dem Badespaß hingeben.

Gartenfest im Schlosspark Regensburg
Im September 2005 öffnete der Schlosspark St. Emmeram seine Pforten für die 4. Ausstellung „Garten-Kunst-Wohnen". Eine besondere Gelegenheit, denn normalerweise bleibt Glorias Park im Herzen von Regensburg für Besucher geschlossen. Vor der Kulisse des Stammsitzes des Hauses Thurn und Taxis versammelten sich etwa 10.000 Besucher, um die Exponate der über 100 Aussteller zu bewundern. Eine stärkende Brotzeit am Schlossbrunnen war eine willkommene Unterbrechung bei dem vielfältigen Programm.

Königsmoos
„Wort des Jahres“, „Baum des Jahres“, „Spiel des Jahres“ – alles bekannt. Das Donaumoos indes, Süddeutschlands größtes Niedermoor, darf sich mit dem Titel „Bayerns Boden des Jahres 2012“ schmücken. Der Preis wird jährlich vom Landesamt für Umwelt vergeben. Die Verleihung sollte insbesonders auch das Bewusstsein dafür schärfen, wie wichtig es ist, Natur und Kultur im Donaumoos im Gleichgewicht zu halten. Durch Entwässerung wurde bereits ein Drittel der ehemals 180 m^2 großen Moorfläche vernichtet.

Feldscheunen im Schnee
Weit ausgebreitet liegen die Loisach-Kochelsee-Moore unter der dichten Schneedecke, nur durchbrochen von einigen freiliegenden Entwässerungsgräben und in der Landschaft versprengten Feldscheunen. Die Loisach-Kochelsee-Moore sind der verlandete Teil des Kochelsees, der ursprünglich bis Penzberg reichte. Die danach entstandenen Nieder- und Hochmoore zählen mit einer Größe von 3.600 Hektar zu den bedeutendsten Moorgebieten Süddeutschlands. Heute wechseln sich Hochmoore mit Streu- und Futterwiesen ab und bieten zahlreichen, vom Aussterben bedrohten Tier- und Pflanzenarten Lebensraum. Insgesamt brüten oder rasten in diesem Gebiet mehr als 200 Vogelarten.

Fußballplatz in Fürstenzell
In Fürstenzell-Jägerwirth im Landkreis Passau spielen die Spieler des „DJK Jägerwirth 1966“ die weltweit beliebteste Mannschaftssportart – Fußball. Auch wenn der Platz ein wenig improvisiert wirken mag, Spaß macht es trotzdem, und das ist schließlich die Hauptsache.

Straßenführung in München
Nur ein paar Fußgänger und ein rotes Auto sind an diesem sonnigen Sonntagmorgen auf dem Sendlinger-Tor-Platz in der Landeshauptstadt München unterwegs, weshalb sich das absurde Muster der verwirrenden Verkehrsführung besonders gut erkennen lässt. An diesem Verkehrsknotenpunkt zwischen Altstadt und Ludwigsvorstadt geht es sonst wesentlich quirliger zu. Neben dem Kfz-Verkehr treffen sich hier zudem Tram und Bus, während sich im Untergrund zwei U-Bahnlinien kreuzen.

Großbaustelle in Landshut
Das Richtfest des neuen Landesamts für Finanzen am Landshuter Schwerreiterplatz war im Juli 2009 noch lange nicht abzusehen. Noch schien das blanke Chaos zu herrschen. Mittlerweile ist der Bau beendet und 400 Mitarbeiter schieben jährlich rund 180 Milliarden Euro hin und her – hoffentlich etwas weniger chaotisch.

Obstbaumblüte
Zwischen Rohrdorf und Riedering stehen auf einer saftig grünen Wiese zahlreiche Obstbäume in voller Blüte. Honigbienen sind hier die wichtigsten Mitarbeiter. Sie sorgen für die Bestäubung von mehr als 80 % aller Pflanzenarten. Gemessen am Nutzwert rangieren die Honigbienen gleich nach den Rindern und den Schweinen an dritter Stelle mit einer weltweit errechneten Wirtschaftsleistung von 153 Milliarden Euro.

Landschaft im Bayerischen Wald
Einen typisch ländlichen Flickenteppich aus Feldern, Wiesen, Wäldern und Dörfern finden wir in der Region um Grattersdorf-Friedenberg im Landkreis Deggendorf im Bayerischen Wald. Ein friedvolles Bild, das auch immer mehr Touristen lockt: Wanderwege und Naturerlebnispfade, Hotels, Gaststätten und Wellnessangebote laden zur aktiven Erholung ein.

Streuobstwiesen bei Trappstadt
Am Fuß des Naturschutzgebiets Altenburg bei Trappstadt im unterfränkischen Landkreis Rhön-Grabfeld, unweit der thüringischen Grenze, befindet sich diese kleinteilige Streuobstwiese. Ohne Einsatz von Pflanzenschutzmitteln gedeihen hier hochstämmige Obstbäume unterschiedlicher Arten und Sorten. Vielen seltenen und gefährdeten Tier- und Pflanzenarten wird hier noch uneingeschränkt Lebensraum gewährt. Leider nimmt in Deutschland die Gesamtfläche der Streuobstwiesen zugunsten ertragreicherer Monokulturen zunehmend ab.

München / Schwabing
Aufgrund geringerer Kriegszerstörungen im Vergleich zu anderen Münchner Stadtvierteln beeindruckt Schwabing immer noch in weiten Teilen mit einer geschlossenen Gründerzeitkulisse. Der Anteil an Ein-Personen-Haushalten liegt hier in Schwabing-West bei 63 %. Das mag mit ein Grund sein, weshalb Schwabing-West nicht nur als eines der Münchner Viertel mit höchster Lebensqualität, sondern auch als eines der teuersten gilt.

Mainschleife bei Volkach
Die Einheimischen behaupten, dass der Main sich bei Volkach am wohlsten fühlt und deshalb seinen geraden Verlauf für die Volkacher Mainschleife zwischen Kitzingen und Schweinfurt in Unterfranken verlassen hat. Die südseitigen Steillagen des größten bayerischen Talmäanders sind klimatisch sehr begünstigt und werden gerne als Herz des Fränkischen Weinlands bezeichnet.

Olympiastadion München
Die charakteristischen Zeltdächer, welche das Münchner Olympiastadion, die Olympiahalle sowie die Olympia-Schwimmhalle auf fast 75.000 m ^{2} überspannen, sollten eigentlich nach den Olympischen Sommerspielen 1972 abgebaut werden. Ein kollektiver Aufschrei in Bevölkerung und Presse konnte dies verhindern. Das Stadion diente den Münchner Vereinen FC Bayern München und TSV 1860 München bis 2005 als Heimatstadion. Am Tag, als die Aufnahme entstand, dem 20. September 2003, spielte der FC Bayern München vor 63.000 Zuschauern.

Strandcafé Undosa in Starnberg

Die auffällig gemusterten Sonnenschirme des Strandcafés Undosa am Starnberger See zogen sofort den Blick des Luftbildfotografen auf sich. In entspannter Atmosphäre genießen die Gäste den grandiosen Blick über den See bis hin zur Zugspitze. Der Name bezieht sich auf das einst hier gelegene, 1905 eröffnete Undosa Strandbad, das erste Wellenbad Deutschlands. Bis zu seiner Stilllegung 1921 wurden dort mittels Dampfkraft künstliche Wellen erzeugt – damals eine Sensation. Vom Main herangeschaffter Sand machte die Illusion eines maritimen Bads komplett.

132

Ackerspuren und Hochspannungsmast
Hochspannungsleitungen werden zur Übertragung von großen Energiemengen über weite Distanzen hinweg benötigt. In dicht bebauten Ballungszentren transportieren unterirdisch verlegte Kabel den Strom, in weniger stark besiedelten sind sie an riesigen Masten befestigt. Der eine nimmt sie gar nicht mehr wahr, der andere stört sich an ihrem Anblick – doch jeder braucht sie. Der Bauer im mittelfränkischen Landkreis Ansbach hingegen freute sich vielleicht über die Abwechslung beim eintönigen Bahnenpflügen und drehte ein paar Extrarunden um den Hochspannungsmast.

Löwengehege im Tierpark Hellabrunn

Faul räkeln sich die Löwen in der heißen Augustsonne in ihrem Gehege im Münchner Tierpark Hellabrunn. 1911 als weltweit erster „Geozoo“ konzipiert und eröffnet, kann er mittlerweile stolz auf eine über 100jährige Geschichte zurückblicken. Dem noch heute gültigen Gedanken der Gründer gemäß werden die mehr als 17.800 Einzeltiere der über 700 Arten nach geografischer Herkunft sowie, wenn möglich, in ihren natürlichen Lebensgemeinschaften gehalten. Das gesamte, rund 40 Hektar große Areal des Parks ist dank seiner Nähe zum Landschaftsschutzgebiet der Isarauen von einem dichten Wassersystem aus Bächen und kleinen Seen durchzogen, welche oftmals als natürliche Gehege-Umfriedungen genutzt werden.

Eichen im Feld

Die Blätter der beiden Eichen in einem Feld bei Unterfroschham im niederbayerischen Landkreis Landshut leuchten noch Mitte November in bunten Farben. Die tiefstehende Sonne taucht alles in ein warmes Licht und die langgezogenen Schatten ziehen sich über den ganzen Acker hin. Der Herbst ist für den Luftbildfotografen wie für die meisten Menschen die stimmungsvollste Zeit des Jahres, in der die Natur sich von ihrer schönsten Seite zeigt.

Dachterrasse in Landshut
Auf dem Dach des 2003 eingeweihten City Centers Landshut befindet sich nach Aussage des Betreibers ein Biergarten für alle Sonnenanbeter und Freunde der Gemütlichkeit. Obzwar an diesem Nachmittag nur wenige Besucher die Aprilsonne genießen, faszinierte den Luftbildfotografen vor allem die aneinander ausgerichtete dreifache Symmetrie der Tische, Bäume und des grauen Untergrundrasters.

Wohnblöcke in München / Neuhausen
Deprimierende Gleichförmigkeit und Kasernen-Atmosphäre strahlt die „Arbeitersiedlung Neuhausen" im heutigen gleichnamigen Münchner Stadtviertel aus – Schattenseiten einer zu Beginn des 20. Jahrhunderts rapide anwachsenden Metropole. Von 1928 bis 1940 wurde die Siedlung in mehreren Bauabschnitten von der Gemeinnützigen Wohnfürsorge AG München für mittelständische Bewohner errichtet. Heute genießt sie durch das Bayerische Landesamt für Denkmalpflege Ensembleschutz.

Wolfgangsiedlung Landshut
Die St. Wolfgangsiedlung in Landshut ist geprägt von Einfamilienhäusern mit Garten und Doppelhaushälften. Dazwischen findet sich viel Grün, das die Dichte des Wohnraums auflockert. Die Geräumigkeit und Weitläufigkeit der Besiedelung steht in krassem Kontrast zu der geballten Wohnsituation der Mietskasernen auf der vorherigen Doppelseite.

Aquapark bei Moosburg
Im Aquapark bei Moosburg drängeln sich an sonnigen Tagen – wie hier Mitte Juli – schon mal die Sonnenanbeter wie die Ölsardinen in der Büchse auf der großen Liegewiese zusammen. Seit 2000 gilt das Naherholungszentrum in einem ehemaligen Kiesabbaugebiet als beliebter Freizeittreff.

Brettschwimmer auf dem Ostersee
Von der Uferzone des Großen Ostersees weg bewegt sich ein Surfer hinaus ins dunkelblaue Wasser. Rund 20 Einzelseen sind südlich des Starnberger Sees durch Wasserläufe miteinander verbunden und bilden auf einer Fläche von mehr als 200 Hektar ein Naherholungsgebiet. Nur an ausgewiesenen Stellen ist in diesem Natur- und Vogelschutzareal das Baden erlaubt. Den Luftbildfotografen freilich faszinierte vor allem das herrliche Farbspiel des gebrochenen Lichts auf dem Wasser des abfallenden Ufers.

Erosion auf Maisacker

Die Hauptursache für die starke Bodenerosion auf einem Acker bei Malgersdorf im niederbayerischen Landkreis Rottal-Inn ist der Anbau der stark erosionsanfälligen Kultur Mais. Durch mangelnde Bodenbedeckung können starke Niederschläge die Bodenstruktur zerstören und zur Verschlämmung der Oberfläche beitragen. Dort, wo der Boden das Wasser nicht mehr aufnehmen kann, bilden sich schnell Rinnsale, die für einen zusätzlichen Bodenabtrag sorgen. Ein einziger kräftiger Gewitterschauer kann dann auf dem ungeschützten Acker so viel Humus abschwemmen, wie in dreißig Jahren auf natürliche Weise neu entstehen würde.

Überschwemmungsmerkmal
Was mag so besonders sein an dem Bild einer überschwemmten Wiese bei Pommersfelden in Oberfranken, mag man sich auf den ersten Blick fragen. Tatsächlich markiert das Hochwasser die Unebenheiten des Geländes und fördert dabei Erstaunliches zutage: Das geschulte Auge des Luftbildarchäologen erkennt in den regelmäßigen Strukturen von Gräben und Erdwällen die Umrisse eines mittelalterlichen Burgstalls, also die Stelle, an der ehemals eine Burg stand, in diesem Fall die ehemalige Burg Stolzenroth.

Trinkwasserspeicher bei Frauenau
Inmitten eines dichten Waldgebiets, das sich bereits anschickt, sein herbstlich buntes Gewand anzulegen, liegt still und unberührt der Trinkspeichersee bei Frauenau im Bayerischen Wald. Gespeist vom Hirschbach und dem Kleinen Regen spendet die Trinkwassertalsperre weiten Teilen Niederbayerns jährlich bis zu 15 Millionen Kubikmeter Trinkwasser. Das Schutzgebiet ist überwiegend bewaldet und unbelastet von menschlichen Einwirkungen. Im Herbst führt der See einen relativ niedrigen Wasserstand, weshalb die Uferlinie prägnant hervorsticht.

Mausinsel im Wörthsee

Seinen Namen hat der Wörthsee im nördlichen Landkreis Starnberg von seiner gleichnamigen Insel, die im Volksmund allerdings nur Mausinsel genannt wird. Einer Legende nach soll sich nämlich ein steinreicher aber grausamer und kaltherziger Graf einst vor einer Rattenplage auf die Insel gerettet haben. Dort war er allerdings auch nicht sicher, sondern wurde bei lebendigem Leibe von den Ratten und Mäusen aufgefressen. Das Wörthschlössl auf der Insel ist heute in Privatbesitz.

Bootshäuser im Starnberger See
Eng reihen sich die Bootshäuser am Starnberger See nahe Starnberg / Percha in Oberbayern aneinander. Lange Holzstege führen durch den breiten Schilfstreifen hin zum befahrbaren Wasser. Ursprünglich von Fischern genutzt, dienen die Pfahlbauten heute in erster Linie Freizeitzwecken: zum Grillen, Sonnenbaden oder Zusammensitzen.

Schloss Weißenstein
In all seiner symmetrischen Pracht breitet sich Schloss Weißenstein bei Pommersfelden im oberfränkischen Landkreis Bamberg vor dem Luftbildfotografen aus. Die an perfekten geometrischen Achsen ausgerichtete Architekturkomposition aus Gebäudetrakten und Gartenelementen erschließt sich erst aus der Luft zur Gänze. Zwischen 1711 und 1718 unter Lothar Franz von Schönborn erbaut, gilt es als repräsentatives Glanzstück des fränkischen Barock.

Freibad Nördlingen
Auf der Liegewiese im Freibad Nördlingen tummeln sich die Badegäste zwischen großen schattenspendenden Bäumen. Es ist heute kaum vorstellbar, dass die Badekultur der Antike im Mittelalter verlorenging, und Baden bis zur Zeit der Aufklärung im 17./18. Jahrhundert als höchst anrüchig galt. Nur zögernd entstanden die ersten Seebäder und später auch Flussbadeanstalten. Heute sind Frei-, Wald- oder Sommerbäder selbstverständlich und aus der Palette der Freizeitangebote nicht mehr wegzudenken.

163

Freibad Waldkraiburg
Statistisch gesehen gibt es in der Region Mühldorf am Inn jährlich 30 bis 40 Sommertage mit Höchsttemperaturen von rund 25° C. An solchen Tagen tummeln sich natürlich besonders viele Sonnenhungrige und Wasserratten zum Freizeitspaß im Waldkraibuger Freibad. Ein fröhliches kleines Wimmelbild, das den Luftbildfotografen in seiner engen Flugzeugkabine ganz neidisch machte.

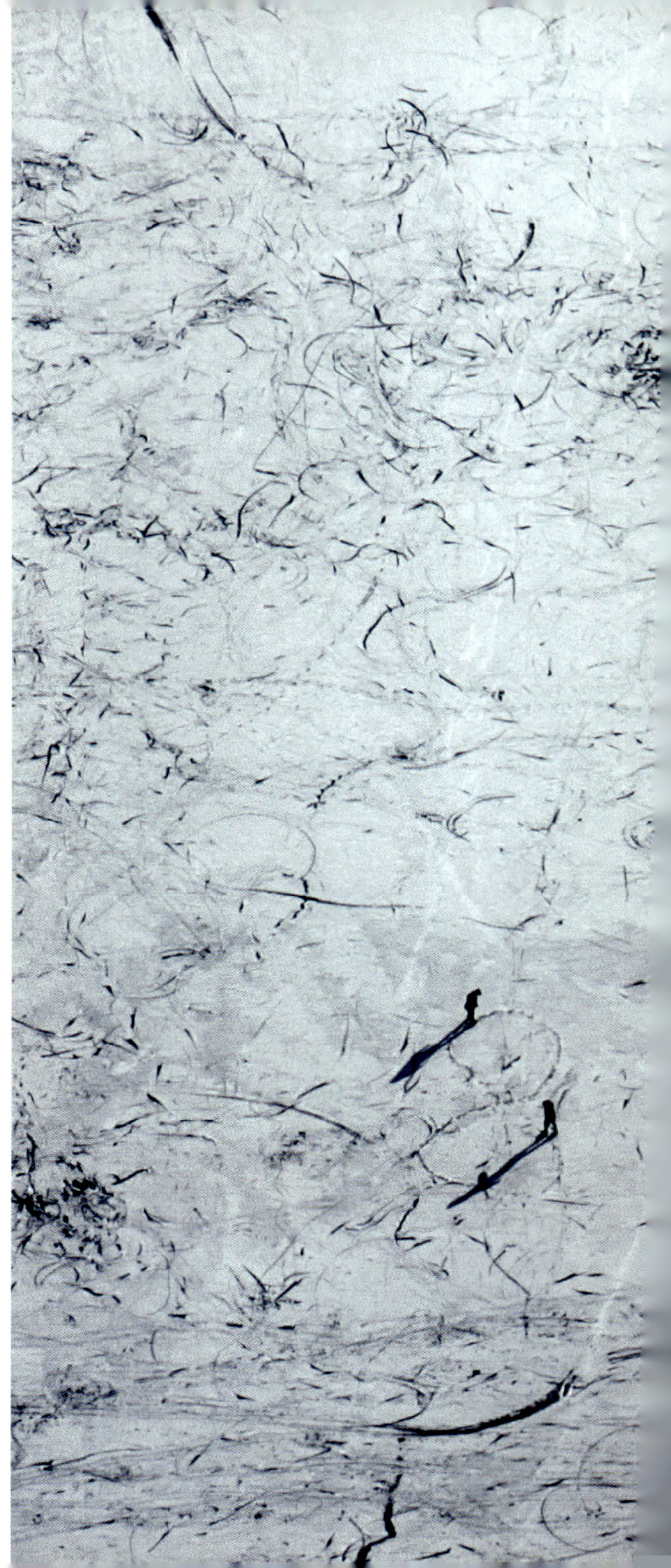

Vilstalsee bei Dingdorf
Die Sonne steht schon nah am Horizont. Wenige Spaziergänger tummeln sich noch auf dem zugefrorenen Vilstalstausee bei Dingdorf und werfen lange Schatten aufs Eis. Beinahe wie monochrome Klecksereien eines Jackson Pollock wirken die Risse und Sprünge im Eis und fesselten den Blick des Fotografen.

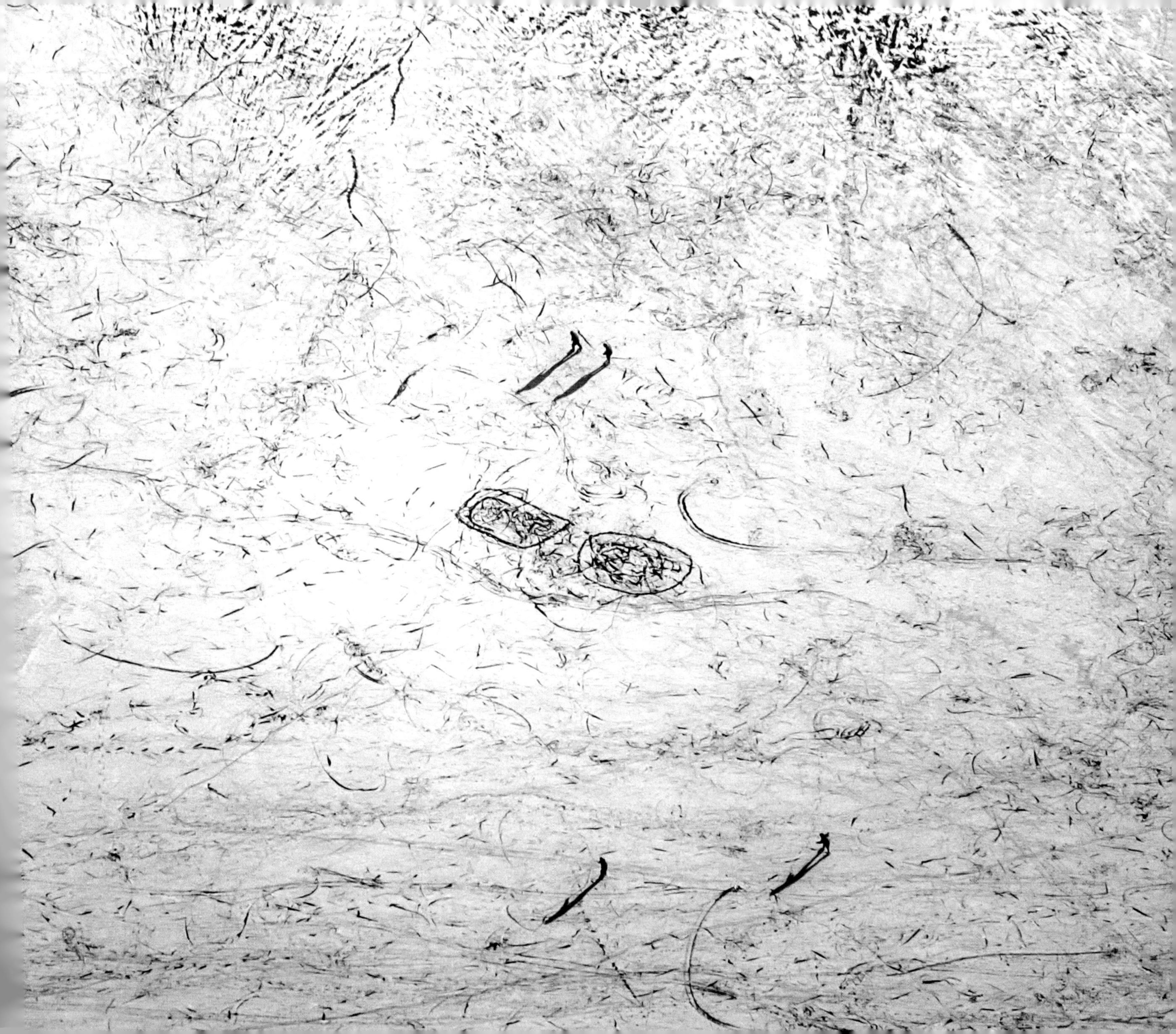

166

Kleine Laber bei Mallersdorf
Die Kleine Laber darf zwischen Ettersdorf und Steinkirchen bei Mallersdorf-Pfaffenberg im niederbayerischen Landkreis Straubing-Bogen zwar noch unbegradigt fließen, doch auch hier lässt die nach jedem freien Meter Raum greifende Agrarwirtschaft nur einen sehr knappen Uferstreifen zur freien Entwicklung. Trotzdem fühlt sich der Biber hier noch ganz wohl, wie der zu Fall gebrachte Baum am unteren Bildrand zeigt.

Krokodilschnauze

Niederbayern ist in weiten Teilen landwirtschaftlich geprägt. Besonders der Gäuboden ist aufgrund seiner mineralreichen Lössböden sehr fruchtbar und leicht zu bearbeiten – das wussten bereits die Kelten! Häufig wird auch von der Kornkammer Bayerns gesprochen. Heute werden vorrangig Getreide, Mais, Zuckerrüben und Kartoffeln angebaut. Aus der Luft sehen die Spuren eines Traktors auf einem noch unbewachsenen Feld im Landkreis Straubing aber eher aus wie eine überdimensionale Krokodilschnauze.

Eis auf dem Kochelsee

Skurril schillernd ziert eine Eisschicht Teile des 70 Kilometer südlich von München zwischen Bad Tölz und Garmisch-Partenkirchen gelegenen Kochelsees. In einem faszinierenden Farbspiel kommen die unterschiedlich dicken Schichten der Eisplatte zur Geltung und bieten aus der Luft ein fesselndes Naturschauspiel.

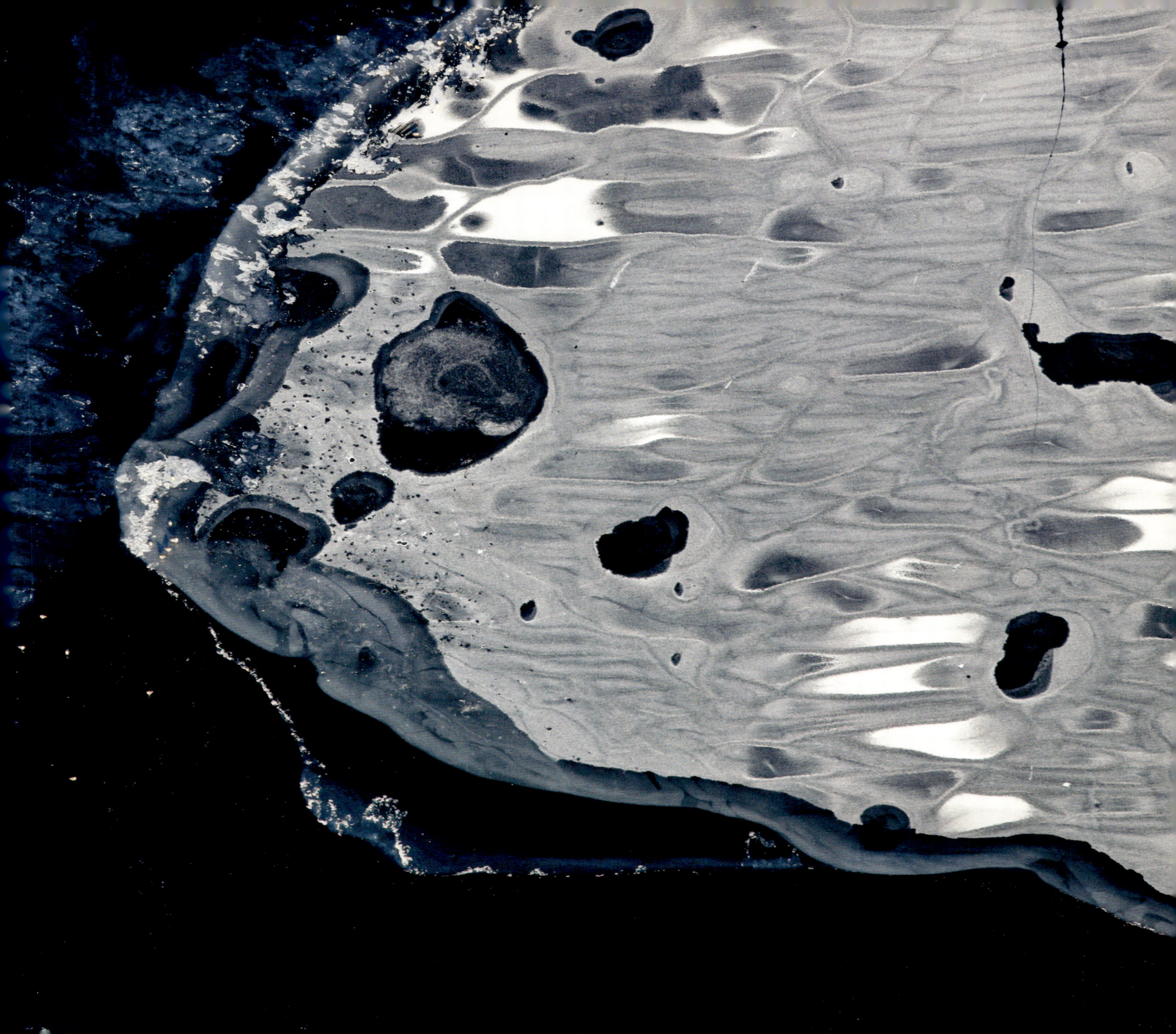

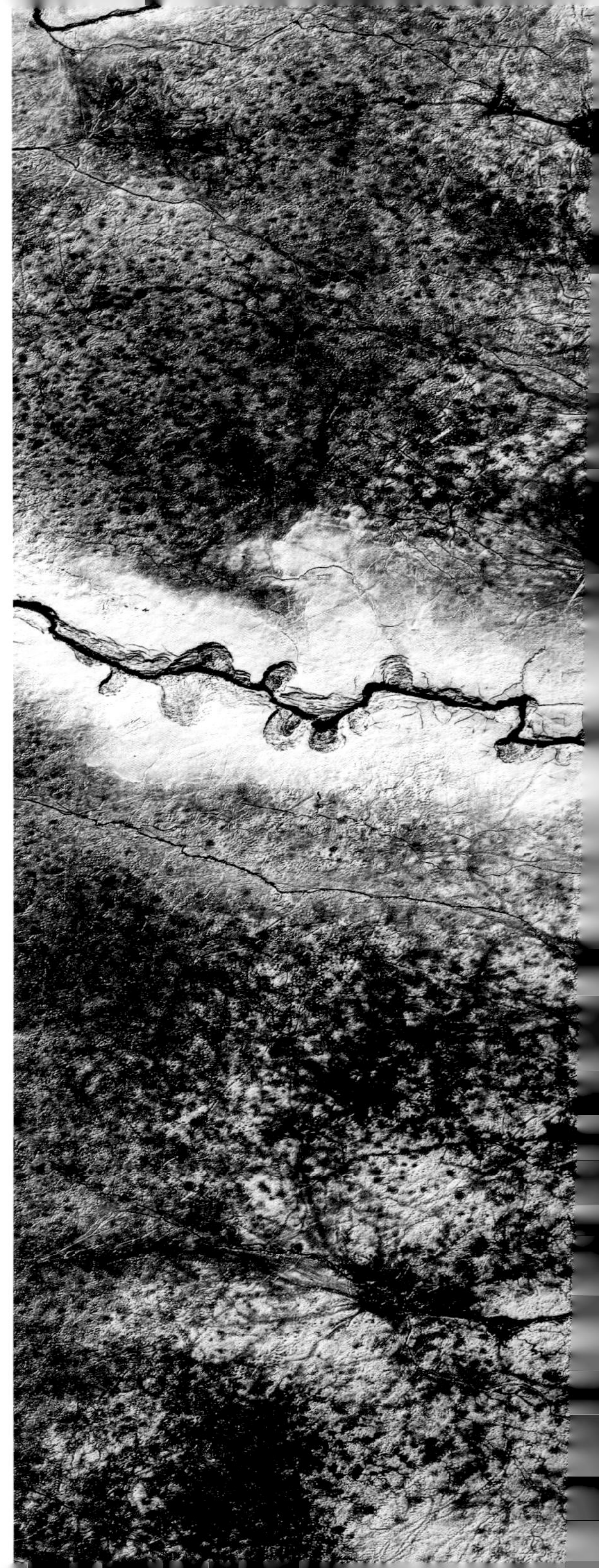

Fischteich ohne Wasser

Wenn im November das Wasser aus dem Fischteich bei Nußdorf im Landkreis Weilheim abgeflossen ist, entstehen aus der Luft betrachtet bizarre Strukturen. Teichbecken sollten ohne Wasser überwintern, damit sie ausfrieren können. Diese Maßnahme lässt die pflanzlichen Stoffe besser verrotten, tötet Parasiten ab und lockert den Boden auf. Auch Faulschlammschichten werden durch das Ablassen und zusätzliches Kalken verhindert.

Ackerspuren
Eine ganz besonders ausgeklügelte Technik stellt ein Landwirt bei Eiselfing-Kerschdorf im Landkreis Rosenheim hier beim Eggen zur Schau. Er bewegt seinen Traktor nicht in schnurgeraden Bahnen über den Acker, sondern flicht in auf- und ablaufenden Linien ein beinahe kunstvolles Netzwerk. Die Bodenschichten werden dadurch von der Egge noch effektiver aufgelockert, die Erdschollen noch feiner zerkleinert.

Rapsfeld bei Oberhaching
Rapsfelder sind oft schon vom Boden aus beeindruckend, wenn sie sich als weites gelbes Blütenmeer in der Weite der Landschaft verlieren, erst recht aber aus der Luft. Wie ein dichter Teppich breitet sich das Feld nahe Oberhaching in Oberbayern vor dem Luftbildfotografen aus. Nur die Feldscheune und der vorgelagerte Grünstreifen durchbrechen den monochromen Anstrich.

Leutstettener Moos

Auf beiden Seiten der Würm erstreckt sich auf einem verlandeten Teil des Starnberger Sees zwischen Leutstetten und der Stadt Starnberg das Naturschutzgebiet „Leutstettener Moos", das seltenen Pflanzen und gefährdeten Tierarten eine geschützte Heimat bietet. So sollten sich nächtliche Wanderer beispielsweise vor der legendenumrankten „Mooskuh" in Acht nehmen, die mit verzweifeltem Muhen arglose Reisende in die Irre zu führen versucht. Gefahr droht freilich kaum, handelt es sich in Wahrheit doch nur um den Balzruf der Rohrdommel.

Bewuchsmerkmal bei Reding
In einem Getreidefeld bei Reding im Landkreis Passau zeichnen sich die Strukturen eines verebneten mittelalterlichen Burgstalls ab. Zum Zeitpunkt der Aufnahme im April spricht man von einer kritischen Wachstumsperiode, in der besonders Getreide auf Feuchtigkeitsunterschiede im Boden reagiert. Die mit organischem Material verfüllten Gräben bilden einen feuchteren Nährboden, wodurch der höhere Wuchs und das ausgeprägtere Grün der Pflanzen für ein positives Bewuchsmerkmal sorgen.

S-Bahn-Depot im Münchner Osten
Typisch rot-weiße Münchner S-Bahnen warten hier in ihrem Depot im östlichen Stadtviertel Berg am Laim auf den Einsatz. Über 230 dieser Züge verkehren auf dem rund 450 Kilometer umfassenden Schienennetz, transportieren mit einer Durschnittsgeschwindigkeit von ca. 50 Km / h mehr als 780.000 Menschen täglich durch München und das Einzugsgebiet der Metropole.

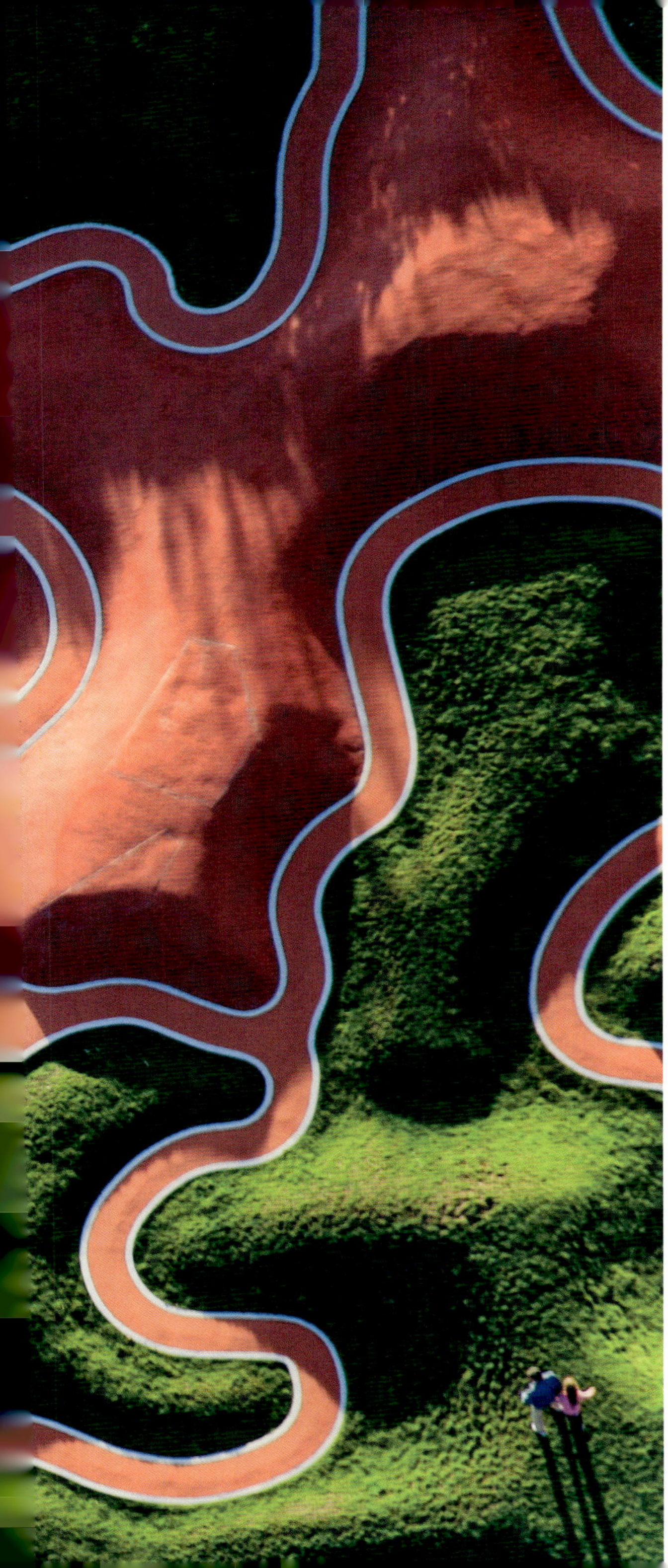

Zellengarten in München-Riem
Die geschwungenen Wege in hellem Orange zwischen grünen Flächen sollen die stark vergrößerte Blattunterseite einer Sumpfdotterblume darstellen. In den „Gärten der Potenzen“ wurden für die Besucher der Bundesgartenschau 2005 im neu angelegten Landschaftspark Riem Pflanzenteile und biologische Strukturen in verschiedenen Zehnerpotenzen nachgebildet. Auch heute noch sind diese in sich geschlossenen Areale ein attraktiver Teil der neuen Messestadt München-Riem.

Salatfeld
Bereits Anfang März gedeihen – wie hier nahe Dachau in Oberbayern – verschiedene Salat- und Gemüsesorten im Freiland. Die Schwarzerde des Dachauer Mooses, eine Niedermoorlandschaft nördlich von München, eignet sich seit dessen breit angelegter Entwässerung zu Beginn des 19. Jahrhunderts hervorragend für die Agrarwirtschaft. Und dem Luftbildfotografen beschert das Feld eine reizvolle Farbkomposition.

Saatzuchtfelder
Die Saatzuchtfelder für neue Getreidesorten sehen aus wie ein riesiger Flickenteppich. In solch gewaltigen Zuchtgärten werden neue Pflanzenzüchtungen meist zur Saatgutvermehrung und -optimierung angebaut. In Deutschland regelt die strengen Vorgaben der Verfahren wie so oft ein Gesetz, hier das Saatgutverkehrsgesetz. Ziel ist es, Landwirtschaft und Gartenbau nur mit Saat- und Pflanzengut zunehmend hochwertigerer und leistungsfähigerer Sorten zu versorgen.

Zugspitze
Mit 2.962 Metern ist die Zugspitze südwestlich von Garmisch-Partenkirchen der höchste Berg Deutschlands, über dessen Westgipfel die Grenze zwischen Deutschland und Österreich verläuft. Die nachweisliche Erstbesteigung gelang dem Bergführer Johann Georg Tauschl am 27. August 1820 zusammen mit dem Leutnant Josef Naus und einem Messgehilfen.

Der Autor

Klaus Leidorf, geboren am 05.06.1956 in Bonn, studierte unter anderem Vor- und Frühgeschichte in Bonn und Marburg, ehe er einige Jahre als wissenschaftlicher Mitarbeiter der Universität Marburg und Angestellter des Bayerischen Landesamts für Denkmalpflege tätig war. 1988 gab er seiner bereits früh erwachten Faszination für Flugwesen und Fotografie nach und erwarb eine Fluglizenz. Es folgten diverse weitere Lehrveranstaltungen an deutschen Universitäten und luftbildarchäologische Tätigkeiten für die Archäologische Denkmalpflege mehrerer Bundesländer.

Neben dem Aufspüren zahlloser unentdeckter Bodendenkmäler gilt sein Interesse zunehmend der Luftbilddokumentation und dem künstlerisch-ästhetischen Vermessen der vom Menschen geformten Landschaft, für deren Strukturen und Besonderheiten er ein untrügliches Gespür aufweist.

Mehrere Publikationen, vielbeachtete Ausstellungen und renommierte Preise zeugen von seiner außergewöhnlichen Arbeit.